Ilustrado por
Jade Van Der Zalm

El Dios Que Adoramos

Escrito por Jonathan & Sarah Jerez

A nuestros preciosos y amados hijos:

Zoë Elizabeth, Noah Jonathan, Joy Noëlle, Levi Immanuel y Vera Grace

Oramos para que puedan crecer en el conocimiento del único Dios verdadero y digno que adoramos. Que Él sea su más grande gozo y tesoro, y que sus vidas siempre rebosen de adoración para la gloria de Su nombre.

«No tengo mayor gozo que este: oír que mis hijos andan en la verdad».
(3 Jn. 4)

El Dios que adoramos

B&H Publishing Group
Brentwood TN, 37027

Diseño de portada: Jade Van Der Zalm

ISBN: 978-1-0877-8775-6

Impreso en China
1 2 3 4 5 * 27 26 25 24

Agradecimientos:

Al **equipo de Lifeway,** en especial Joel Rosario y Paola Balvín, por confiarnos este proyecto, caminar con nosotros y guiarnos durante todo el proceso.

A **Jade van der Zalm**, por usar su increíble talento para darles vida al contenido y las letras de este libro, capturando el corazón y el mensaje de una manera tan significativa y hermosa.

A **Moisés y Betsy Gómez**, por darnos la idea y motivarnos a escribir este libro para niños. ¡Damos gracias a Dios por su amistad y hermandad!

Al **pastor Miguel Núñez**, por inspirarnos a componer esta canción cuando nos pidió una canción lema sobre adoración para la conferencia *Por Su causa*, titulada: *El Dios que adoramos*.

A **Bob Kauflin y Gracia Soberana Música / Luis Núñez & Adoración IBI**, por ser el equipo que grabó e hizo llegar esta canción al mundo hispanohablante. ¡Estamos agradecidos por su colaboración en el evangelio!

A **los creyentes** que han cantado y siguen cantando esta canción en sus iglesias y hogares, apoyando nuestro ministerio a través de los años. Gracias por el privilegio de acompañarlos en la adoración personal y congregacional a través de nuestra música.

—Papá, ¿sabes cuánta agua hay en el mar? —preguntó Noah con curiosidad.

—Y ¿cuánta arena hay? —se cuestionó Levi.

—Es imposible saber cuánto hay... —respondió Mamá, con Vera en sus brazos.

—Pero Dios sí sabe, ¿cierto? —interrumpió Zoë.

—¡Por supuesto! ¡Él fue quien los hizo! —exclamó Joy, emocionadamente.

—¡Así es! La Biblia dice que Dios midió todas las aguas en Su mano y también los cielos y toda la tierra. Como dice la canción que cantamos en la iglesia. ¿La recuerdan? —dijo Papá.

—¡Sí! —gritaron todos a una voz.

Y, juntos,
comenzaron a cantar...

♫El Dios que hizo los cielos y la tierra♫

¡Él es el único Creador! En el principio, Dios hizo todas las cosas: el cielo, el mar, la tierra, los animales y lo seres humanos.

♫ con el poder de Su Palabra ♫

¡Dios habló y todo sucedió! Él creó todo de la nada, según Su voluntad y por medio de Sus poderosas palabras.

Él gobierna la creación porque lo sabe todo, lo ve todo y tiene autoridad sobre todo.

El Dios
que aun
los vientos le obedecen

¡Toda la creación obedece a la voz de Dios! Él tiene el control de todo y siempre está contigo. Por eso, no tienes que temer a nada.

Una Palabra es suficiente

¡Dios tiene poder sobre la vida y la muerte! Él es el Autor de la vida. Jesús, siendo Dios, con una palabra resucitó a los muertos.

♫ Para los muertos
levantar ♫

El Dios
que descendió
desde Su trono

¡Dios es tan diferente de los reyes de la tierra! Él vino y nació en un pesebre como un bebé para servir a todos. Le encanta estar cerca del humilde y no se avergüenza de tener una relación con nosotros.

♫ Para llevar sobre
Sus hombros nuestra culpa
y transgresión ♫

Por el pecado de Adán y Eva,
la muerte entró al mundo; por eso,
todos nacemos pecadores y enemigos de Dios.
Pero Dios nos amó tanto que envió a Su Hijo Jesús a
morir por nosotros en la cruz. Allí, Él cargó todos nuestros
pecados y el castigo que merecíamos.

JES

Exaltado

Nombre Sobre

sobre todo

todo nombre

♫ Solo en Él hay salvación ♫

¡Jesús es el único camino al Padre! Nada ni nadie más puede salvarte de tus pecados ni darte vida eterna.

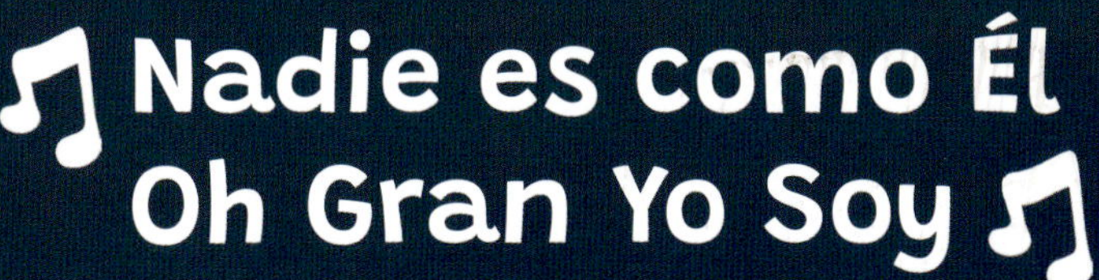

Dios no puede ser comparado
con otros dioses creados por humanos.
Dios es único y no necesita de nada
ni nadie para existir.

Tú er Dios ador

es el
que
amos

♫ Todopoderoso
Y Soberano ♫

¡Nada es imposible para Dios! Nada puede detenerlo y nadie puede cuestionarlo. Nada se escapa de Sus planes perfectos.

♫ Grande en misericordia ♫

♫ y poder
para salvar ♫
Dios es tan bueno que no nos
ha tratado como merecemos, y obra
poderosamente para el bien de Sus hijos.

Tú er
Dios
ador

es el

que

amos

♫ Quien derrotó la muerte y el pecado ♫

Gracias a que Jesús murió y resucitó al tercer día, nos promete que quienes creen en Él, nunca volverán a estar muertos espiritualmente, y que un día, también resucitarán físicamente como Él, sin pecado, para no morir jamás.

Glorioso
Redentor

y Rey

Te adoramos

- Con nuestra mente
- Con nuestro corazón
- Con nuestro cuerpo
- Con música y melodía
- En privado, en la iglesia
  y en todo lugar
- Con nuestros dones y talentos
- Con nuestras posesiones

¡Lo adoramos con toda nuestra vida!

A Él sea la gloria
y el poder
Todo es de Él y para Él

«Porque de Él, por Él y para Él son todas las cosas.
A Él sea la gloria para siempre» Romanos 11:36

¡Dios es lo más valioso del universo! Recuerda que pasaremos toda la eternidad adorándolo y disfrutando de Su presencia, así que ¡comienza desde ahora!

Por todo eso y más, Él es...

¡El Dios que adoramos!

¡Cantemos!

Verso 1
El Dios que hizo los cielos y la tierra
Con el poder de Su palabra
Y reina con autoridad
El Dios que aun los vientos le obedecen
Una palabra es suficiente
Para los muertos levantar

Pre-Coro
Nadie es como Él
Oh, gran Yo Soy

Coro
Tú eres el Dios que adoramos
Todopoderoso y soberano
Grande en misericordia y poder
para salvar
Tú eres el Dios que adoramos
Quien derrotó la muerte y el pecado
Glorioso Redentor y Rey, te adoramos

Verso 2
El Dios que descendió desde Su trono
Para llevar sobre Sus hombros
Nuestra culpa y transgresión
Jesús, exaltado sobre todo
Nombre sobre todo nombre
Solo en Él hay salvación

Pre-Coro

Coro

Puente
A Él sea la gloria y el poder
Todo es de Él y para Él

Coro

¡Oremos!

Señor,

Creador de los cielos y la tierra, reconocemos tu gran santidad y majestad. Tú eres el único y verdadero Dios: Padre, Hijo y Espíritu Santo. Te alabo porque eres un Dios fiel a tu Palabra y Todopoderoso; nada ni nadie puede detener tus planes y promesas. Ayúdame a confiar en ti en todo tiempo.

Perdona mis pecados, cuando te he ofendido en palabra, pensamiento o acción. Gracias por ser un Dios rico en misericordia, que está cercano a los humildes. Gracias por enviar a tu Hijo Jesús a morir por mí, para que ahora, por medio de la fe en Su vida, Su muerte y Su resurrección, pueda tener paz, gozo y esperanza de una vida eterna contigo. ¡Gracias por salvarme y adoptarme en tu familia!

Pido que tu Espíritu Santo, que mora en mí, me siga transformando con Su poder para ser más y más como Jesús cada día. Quiero conocerte más, amarte más y atesorarte más cada día. ¡Quiero adorarte con todo lo que soy! ¡Quiero dar gloria a tu nombre con toda mi vida!

En el nombre de Jesús, amén.

¡Memoricemos!

«En el principio Dios creó los cielos y la tierra». (Gén. 1:1)

«Digan entre las naciones: "El Señor reina"...». (Sal. 96:10)

«Aclamen con júbilo al Señor, toda la tierra. Sirvan al Señor con alegría; vengan ante Él con cánticos de júbilo. Sepan que Él, el Señor, es Dios; Él nos hizo, y no nosotros a nosotros mismos; pueblo Suyo somos y ovejas de Su prado». (Sal. 100:1-3)

«Yo sé que Tú puedes hacer todas las cosas, y que ninguno de Tus propósitos puede ser frustrado». (Job 42:2)

«... El Señor, el Señor, Dios compasivo y clemente, lento para la ira y abundante en misericordia y verdad». (Ex. 34:6)

«El Verbo se hizo carne, y habitó entre nosotros, y vimos Su gloria, gloria como del unigénito del Padre, lleno de gracia y de verdad». (Juan 1:14)

«Porque ni aun el Hijo del Hombre vino para ser servido, sino para servir, y para dar Su vida en rescate por muchos». (Mar. 10:45)

«Pero Él fue herido por nuestras transgresiones, molido por nuestras iniquidades. El castigo, por nuestra paz, cayó sobre Él, y por Sus heridas hemos sido sanados». (Isa. 53:5)

«Porque de tal manera amó Dios al mundo, que dio a Su Hijo unigénito, para que todo aquel que cree en Él, no se pierda, sino que tenga vida eterna». (Juan 3:16)

«Jesús le dijo: "Yo soy el camino, la verdad y la vida; nadie viene al Padre sino por Mí"». (Juan 14:6)

«Jesús le contestó: "Yo soy la resurrección y la vida; el que cree en Mí, aunque muera, vivirá"». (Juan 11:25)

«Porque hay un solo Dios, y también un solo Mediador entre Dios y los hombres, Cristo Jesús hombre». (1 Tim. 2:5)

«Haya, pues, en ustedes esta actitud que hubo también en Cristo Jesús, el cual, aunque existía en forma de Dios, no consideró el ser igual a Dios como algo a qué aferrarse, sino que se despojó a Sí mismo tomando forma de siervo, haciéndose semejante a los hombres. Y hallándose en forma de hombre, se humilló Él mismo, haciéndose obediente hasta la muerte, y muerte de cruz. Por lo cual Dios también lo exaltó hasta lo sumo, y le confirió el nombre que es sobre todo nombre, para que al nombre de Jesús se doble toda rodilla de los que están en el cielo, y en la tierra, y debajo de la tierra, y toda lengua confiese que Jesucristo es Señor, para gloria de Dios Padre». (Fil. 2:5-11)

«Porque somos hechura Suya, creados en Cristo Jesús para hacer buenas obras, las cuales Dios preparó de antemano para que anduviéramos en ellas». (Ef. 2:10)

«Hablen entre ustedes con salmos, himnos y cantos espirituales, cantando y alabando con su corazón al Señor. Den siempre gracias por todo, en el nombre de nuestro Señor Jesucristo, a Dios, el Padre». (Ef. 5:19-20)

«Porque de Él, por Él y para Él son todas las cosas. A Él sea la gloria para siempre. Amén». (Rom. 11:36)

«Digno eres, Señor y Dios nuestro, de recibir la gloria y el honor y el poder, porque Tú creaste todas las cosas, y por Tu voluntad existen y fueron creadas». (Apoc. 4:11)

¡Profundicemos!

Pueden usar esta guía para ir a la Palabra de Dios y estudiar más a fondo las verdades de este libro.

«El Dios que hizo los cielos y la tierra con el poder de Su palabra»
Génesis 1—2; Isaías 40:12-26; Juan 1:1-4; Hechos 17:24-28; Romanos 1:19-20; 2 Corintios 4:6; Colosenses 1:16; Hebreos 1:2-3; Apocalipsis 4:9-11

«Y reina con autoridad»
Éxodo 7—15; 1 Crónicas 16:23-34; Daniel 4:28-36; Salmos 2; 47; Apocalipsis 11:15-19

«El Dios que aun los vientos le obedecen»
Éxodo 14:21-31; Salmo 46; Mateo 14:13-21; Marcos 4:35-41; Juan 2:1-12

«Una palabra es suficiente para los muertos levantar»
Marcos 5:21-23, 35-43; Juan 11:1-44; Efesios 2:1-10; 1 Tesalonicenses 4:13-18

«El Dios que descendió desde Su trono»
Salmo 138:6; Mateo 19:14; Marcos 10:45; Juan 1:14; Filipenses 2:5-8; Santiago 2:1-5; Santiago 4:6; 1 Pedro 5:5b-7

«Para llevar sobre Sus hombros nuestra culpa y transgresión»
Isaías 53:1-12; Marcos 10:45; Marcos 14:32-15; Juan 3:16; Romanos 5:6-11; 2 Corintios 5:14-21; Filipenses 2:5-11; Colosenses 1:20-22; 1 Timoteo 1:15

«Jesús, exaltado sobre todo Nombre sobre todo nombre»
Salmo 2; Isaías 43:23; Filipenses 2:9-11; Colosenses 1:15-23; Apocalipsis 5:5-14

«Solo en Él hay salvación»
Juan 1:29; 3:16-17; 10:7-15; 14:6; Hechos 16:31; Romanos 10:9, 1 Timoteo 2:5

«Nadie es como Él Oh gran Yo Soy»
Éxodo 3:14; Salmos 89:6; 115; Isaías 45:1-7; Juan 8:58; Hechos 17:19-31

«Todopoderoso y soberano»
Genesis 50:15-21; Éxodo 15:1-21; 1 Samuel 17; Job 1—2; 42; Salmo 135; Mateo 6:25-34; 8:1-17; 14:15-36; Romanos 8:28-30; Apocalipsis 1:8; 19:6

«Grande en misericordia y poder para salvar»
Éxodo 34:5-8; Daniel 3; 6; Salmo 130; Marcos 5:24-34; Lucas 15; 23:33-47; Romanos 8:31-39; Efesios 2:1-13; Judas 24

«Quien derrotó la muerte y el pecado»
Mateo 28:1-10; Marcos 16:1-8; Lucas 24:1-12; Juan 20; Romanos 6; 7:24-8:2; 1 Corintios 15:20-28, 51-57

«A Él sea la gloria y el poder Todo es de Él y para Él»
Salmo 115; Romanos 11:33-36; Efesios 1:3-14; 2:1-10; 3:20-21; Apocalipsis 5:12-13

«Glorioso Redentor y Rey, te adoramos»
Salmos 34; 96; 100; 117; 145; 148; Juan 4:23-24; Hechos 16:25-34; Efesios 5:19-20; Colosenses 3:1; Apocalipsis 1:5; Apocalipsis 19:4-8

Nota para los papás

A. W. Tozer dijo: «Lo que nos viene a la mente cuando pensamos en Dios es lo más importante de nosotros».[1] Esto también es cierto de nuestros hijos. Nada es más importante que lo que ellos piensen acerca de Dios, de quién es, cómo es, y de quiénes son ellos en relación a Él.

Nosotros sabemos que las canciones que cantamos informan y definen en gran manera lo que pensamos acerca de Dios y todo lo demás. Nuestros niños aprenderán mucho de lo que cantan. Por lo tanto, estamos convencidos de que nuestras canciones deben estar arraigadas en la Palabra de Dios, saturadas de ella y ser consistentes con la revelación de Dios en las Escrituras. Así que el propósito de este libro es que los niños puedan conocer más acerca de quién es Dios y de por qué es digno de nuestra suprema adoración.

Hemos escrito este libro de manera que lo puedas usar con niños de distintas edades. Con niños más pequeños, te animamos a caminar a través de las letras de la canción. Con niños más grandes, también puedes profundizar más usando los pasajes al final del libro. Ahí encontrarás una oración que puedes hacer con ellos y versículos para memorizar juntos y hacer que semillas de la Palabra de Dios se planten en sus corazones. ¡También están incluidas las letras de la canción «El Dios que adoramos», para que puedan cantarla juntos! ¡Esperamos que este libro les sea útil y de gran bendición!

Con mucho amor, sus compañeros en esta hermosa labor de levantar a la próxima generación,

Jonathan y Sarah

«Que la palabra de Cristo habite en abundancia en ustedes, con toda sabiduría enseñándose y amonestándose unos a otros con salmos, himnos y canciones espirituales, cantando a Dios con acción de gracias en sus corazones». (Col. 3:16)

[1] A. W. Tozer, *El conocimiento del Dios santo* (Nashville, TN: Editorial Vida, 1996), 7.